POSITIV PSYKOLOGI

»... Aarhus Universitetsforlags utroligt vellykkede serie«

Søren Schauser,
Berlingske

Tænkepauser 1 **FRIHED** af Hans-Jørgen Schanz
Tænkepauser 2 **NETVÆRK** af Jens Mogens Olesen
Tænkepauser 3 **MONSTRE** af Mathias Clasen
Tænkepauser 4 **TILLID** af Gert Tinggaard Svendsen
Tænkepauser 5 **LIVSHISTORIEN** af Dorthe Kirkegaard Thomsen
Tænkepauser 6 **FJENDSKAB** af Mikkel Thorup
Tænkepauser 7 **FOLK** af Ove Korsgaard
Tænkepauser 8 **DANMARK** af Hans Hauge
Tænkepauser 9 **NATUR** af Rasmus Ejrnæs
Tænkepauser 10 **VREDE** af Thomas Nielsen
Tænkepauser 11 **MYRER** af Hans Joachim Offenberg
Tænkepauser 12 **POSITIV PSYKOLOGI** af Hans Henrik Knoop
Tænkepauser 13 **KROPPEN** af Verner Møller
Tænkepauser 14 **KÆRLIGHED** af Anne Marie Pahuus
Tænkepauser 15 **ERINDRING** af Dorthe Berntsen
Tænkepauser 16 **HÅB** af Bertel Nygaard
Tænkepauser 17 **TID** af Ulrik Uggerhøj
Tænkepauser 18 **SANDHED** af Helge Kragh
Tænkepauser 19 **MENNESKET**af Ole Høiris
Tænkepauser 20 **MAGI** af Jesper Sørensen
Tænkepauser 21 **LOVEN** af Gorm Toftegaard Nielsen
Tænkepauser 22 **TERROR** af Carsten Bagge Laustsen
Tænkepauser 23 **LITTERATUR** af Dan Ringgaard
Tænkepauser 24 **ROMANTIK** af Katrine Frøkjær Baunvig
Tænkepauser 25 **FAMILIEN** af Peter C. Kjærgaard
Tænkepauser 26 **LYKKE** af Christian Bjørnskov
Tænkepauser 27 **UNIVERSET** af Steen Hannestad
Tænkepauser 28 **SPØRGSMÅL** af Pia Lauritzen
Tænkepauser 29 **GUD** af Svend Andersen
Tænkepauser 30 **SEX** af Ditte Trolle
Tænkepauser 31 **NYDELSE** af Rasmus Ugilt
Tænkepauser 32 **KORRUPTION** af Mette Frisk Jensen
Tænkepauser 33 **POLITIK** af Michael Bang Petersen
Tænkepauser 34 **TRO** af Peter Lodberg
Tænkepauser 35 **HJERNEN** af Leif Østergaard
Tænkepauser 36 **HJERTET** af Diana M. Røpcke
Tænkepauser 37 **VILJE** af Søren R. Fauth
Tænkepauser 38 **SPROG** af Mikkel Wallentin
Tænkepauser 39 **OVERVÅGNING** af Anders Albrechtslund

Se mere på www.tænkepauser.dk
Her finder du også gratis lydbøger og e-bøger

POSITIV PSYKOLOGI

HANS HENRIK KNOOP

POSITIV PSYKOLOGI

Tænkepauser 12

Omslag og tilrettelægning: Camilla Jørgensen, Trefold
Forfatterfoto: Poul Ib Henriksen
Bogen er trykt hos Narayana Press, Gylling
4. oplag 2016

ISBN 9788771241884

Tænkepauser
– viden til hverdagen
af topforskere fra

AARHUS UNIVERSITET

INDHOLD

POSITIV PSYKOLOGI

BRUGBAR VIDEN

Hvad i alverden skal man med noget, der hedder positiv psykologi? Skal resten af psykologien så stemples som negativ måske? Og hvem skal lige bestemme, hvad der er positivt? Er det positivt at smile til chefen, hvis man er dybt uenig i hendes beslutning? Skal man ikke kunne se sig selv i spejlet længere? Er det positivt at motivere medarbejdere til at lave mere, hvis de allerede gør deres bedste? Vi kender spørgsmålene. De dukker op, hver gang positiv psykologi er på tale. De er vigtige, fordi man godt kan få positiv psykologi galt i halsen – og fordi viden kan misbruges.

Men at viden kan misbruges, er jo ikke noget godt argument for at afvise den – for alt andet lige er der jo større chance for, at man selv kommer galt af sted, hvis man ikke ved, hvad der foregår. Hvis man fx ikke ved, at man psykologisk set har meget lettere ved at have det skidt end godt – ja, så risikerer man selvfølgelig at få det ekstraordinært skidt. I hvert fald dårligere, end man ellers ville have det. Viden åbner nye muligheder for os, og positiv psykologi er dybest set ikke andet end brugbar viden.

ET (NYT) PSYKOLOGISK FAGOMRÅDE

I 1954 afsluttede behovspyramidens ophavsmand, psykologen Abraham Maslow, sin skelsættende bog *Motivation and Personality* med kapitlet "Toward a Positive Psychology". Her argumenterede han for, at psykologien, som indtil da i meget høj grad byggede på dyreforsøg og studier af psykiske lidelser, i højere grad burde rettes mod de sider af menneskelivet, som gjorde det værd at leve. Ved årtusindskiftet, et lille halvt århundrede senere, *havde* psykologien via etableringen af den såkaldte humanistiske psykologi bevæget sig i den retning, men mange toneangivende psykologer syntes ikke, det var nok. Og da psykologen Martin Seligman som nyvalgt formand for den amerikanske psykologforening, APA, godt hjulpet på vej af sin kollega Mihaly Csikszentmihalyi, i 1998 besluttede sig for at tage tråden op efter Maslow, fik initiativet meget stor opbakning. Og efter omfattende kollegiale drøftelser endte det med at blive kaldt, ja, *Positive Psychology*.

Sidenhen er positiv psykologi som forskningsområde vokset støt. Det har egne videnskabelige tidsskrifter og involverer i dag forskere og praktikere fra hele verden, som er organiseret i netværk og foreninger. Positiv psykologi defineres nu af International Positive Psychology Association, verdensorganisationen for positiv psykologi, som *det videnskabelige studie af, hvad der gør personer og samfund i stand til at trives.* Denne *Tænkepause* er skrevet som en bred introduktion til dette studie.

KAMPEN FOR AT LEVE

Men hvad vil det sige at trives? For at forstå det kan vi til en begyndelse kigge på det måske mest grundlæggende i livet: *aktivitet*. Som alle andre levende organismer er vi fra fødslen drevet af en dyb, gennemgribende impuls til at være *aktive*, til at kæmpe for at forblive i live, til at lære og forstå så meget som muligt så hurtigt og så nemt som muligt. Alt sammen i et forsøg på at kontrollere vores egen situation og skæbne bedst muligt frem for at sygne hen som hjælpeløse ofre og slaver for andres vilje.

Instinktivt ved vi, at aktivitet er livsbekræftende og passivitet det modsatte. Kedsomhed er et godt eksempel på, at vi ved det. Angsten ved at blive låst inde er et andet. Et tredje er forældres frygt for, at deres børn mister modet og hæmmes i deres udvikling. Et barn, som aldrig rigtig oplever succes i skolen og får at vide, at det ikke dur til noget, kan blive så pessimistisk, at det bliver en selvopfyldende profeti. Et barn, som ikke lykkes med at få venner, kan socialt set gå helt i stå. Så forældre kæmper for, at deres børn får lov at opleve succes og ikke bliver holdt udenfor. Vi ved inderst inde alle, at ikke blot "lediggang", men passivitet helt generelt, er roden til alt ondt, og at det derfor er ondt at passivisere folk. Vi skal opføre os ordentligt, disciplinere os, javel, men vi skal gøre det *aktivt* ved at forstå, *hvorfor* vi skal rette ind – som børn, forældre, kolleger, borgere. Ellers tager vi skade af det.

TILLÆRT SLØVHED

Men mange af os er nærmest indoktrinerede til at glemme det. Indoktrinerede til måder at tænke på, som er lodret selvdestruktive. Fx indoktrinerede til at tro, at "man skal lære at kede sig" (passivt). Uden yderligere forklaring (meningsløst). Måske endda i undervisning, hvor man mere end i nogen anden sammenhæng har brug for inspiration. Og dét selvom ethvert barn fødes med lyst til at lære som det mest selvfølgelige, livsbekræftende og nydelsesfulde overhovedet, og selvom man lærer meget bedre, hvis man gider – dvs. hvis man er inspireret, interesseret, engageret. Og selvom ethvert barn er født med evnen til kede sig, fordi kedsomhed er et vigtigt alarmsignal, som fortæller, at man spilder sin tid. Og ja, man kan fortsat blive klog af skade, også i skolen, men det bør sjældent være førsteprioritet. Man kan selvfølgelig lære en masse af problemer og ubehagelige kriser, men vi fungerer altså i det store hele bedre, når vi *ikke* har store problemer og *ikke* er i krise.

MENINGSLØS SELVDISCIPLIN ER SELVDESTRUKTIV

Med dette siger jeg heller ikke, at disciplin ikke er vigtig. Tværtimod, det er af endog meget stor betydning, at man er i stand til at tage sig sammen. Nyere undersøgelser peger faktisk på, at din flid i skolen, under uddannelsen og på arbejdet betyder dobbelt så meget for din succes som dit talent. Men det skal altså være flid, der er båret af ægte interesse, ægte passion, for at det virker ordentligt. Eksaminer og medaljer, man aldrig rigtig ønskede sig, er ikke meget værd.

Og ja, børn skal lære at opføre sig hensynsfuldt. Men igen: Hvis vi ser bort fra den tidligste barndom, bør det ikke ske, uden at børnene kan se et positivt perspektiv i det. At indordne sig under autoriteter – i skolen, på arbejdet, hvor som helst – uden at forstå det rimelige heri, er som at bevæge sig ud i en farlig sump af passiviserende meningsløshed, som man med sikkerhed tager skade af, hvis det står på over længere tid. "Hvorfor" og "fordi" er meget vigtige ord for os.

GRIB DAGEN, UANSET HVAD!

Hvorvidt man er aktiv eller passiv i sin hverdag, er altså ikke blot et spørgsmål om, hvorvidt man vælger at stå op om morgenen eller ej. Det er intet mindre end et spørgsmål om, hvorvidt man helhjertet engagerer sig i verden eller ej, hvorvidt man griber dagen. Dette grundlæggende spørgsmål kan forstås og besvares stadig mere nuanceret via psykologisk videnskab, som ikke længere blot angår psykologisk behandling af personer, der er gået i stå i ulykke, men som i stigende grad fortæller, hvordan man kan skabe rammer, der forbedrer vores muligheder for at trives og fungere sammen, og som begrænser sandsynligheden for, at sindslidelser overhovedet optræder. Og dette, mere forebyggende, mere sundhedsfremmende, mere trivselsfremmende og mere styrkebaserede forskningsområde inden for psykologien har altså fået navnet *positiv psykologi*.

IKKE FØR SKADEN ER SKET

Når der nu er psykologisk viden til rådighed, som enhver kan bruge, kunne man umiddelbart tro, at folk bare ville tage det til sig som det mest selvfølgelige. Men det har vist sig ikke at føles helt så selvfølgeligt, for psykologi er i brede kredse og gennem mange år blevet opfattet som noget halvpinligt, for folk med fejl og mangler. Især i hovedet. Og noget, man kun fik tilskud til, hvis man havde de rette symptomer. En skoleelev har fx typisk skullet udvise indlæringsvanskeligheder eller psykiske problemer for at blive "indstillet" til psykologisk "udredning" – og sådan er det fortsat. Almindelig interesse for psykologi har sjældent været tilstrækkeligt, hvis man ville snakke med en psykolog. På samme måde som med læger, man sjældent opsøger uden først at have ondt i noget.

Psykologi og sundhedsvidenskab har på den måde fået et sygdomsbehæftet image. Det er synd. Og det er selvfølgelig ikke nogen selvfølge, at det skal være sådan. Det er bare svært at lave om på, for traditioner har dybe rødder, og offentlige tilskud kanaliseres hovedsageligt i retning af skader, der allerede er sket, snarere end mod skader, man ønsker at forebygge.

DYRE BESPARELSER

Kun ca. 5 % af budgettet i den danske sundhedssektor bruges i dag til forebyggende, sundhedsfremmende tiltag, mens resten går til folk, der allerede er syge. Selvom de fleste sundhedsøkonomer må være enige om, at det ville være langt billigere at forebygge end at behandle.

Martin Seligman har ligeledes vist, at kun ca. 10 % af pengene til forskning og udvikling inden for det psykologiske og psykiatriske område i USA siden 2. Verdenskrig er gået til studiet af de lysere sider af livet, mens resten er brugt på undersøgelser af depression, angst, ADHD, posttraumatisk stress og andre sindslidelser. 400 studier af glæde over for 40.000 kliniske undersøgelser af depression, lød en optælling omkring år 2000.

Vi er således blevet langt klogere på sygdom end på sundhed. Vi har præcise og internationalt vedtagne klassifikationer af et støt voksende utal af diagnoser, mens der fortsat knap nok findes en fælles definition af sundhed. WHO kom tilbage i 1946 ganske vist med et bud på sundhed som "en tilstand af fuldstændig fysisk, mental og social trivsel og ikke blot fravær af sygdom og svagelighed", men selv denne definition har (for at det ikke skal være løgn) altid været lidt kontroversiel, fordi man ikke kan blive enige om, hvad "fuldstændig" betyder.

PINLIGE SPØRGSMÅL

Det siger sig selv, at syge har brug for hjælp og behandling, og det er let at argumentere for al den hjælp, der kan gives. Men hvis de akutte behov får næsten al opmærksomheden, og næsten alle pengene, er der i sagens natur ikke meget tilbage at tænke langsigtet med. Og uden langsigtethed bliver vores fælles fremtid selvsagt mere usikker. Og mange af nutidens problemer skyldes selvfølgelig langt hen ad vejen fortidens beslutninger, som altså kan være truffet mere eller mindre i blinde.

UDEN PILOT I COCKPITTET

Csikszentmihalyi, som vi mødte i indledningen, har sammenlignet menneskeheden med flypassagerer – nogle på 1. klasse, nogle på *economy* og nogle stuvet sammen i lastrummet – lige efter, at det er gået op for dem, at der ikke er nogen pilot i cockpittet. Det er et skræmmende, men ikke helt misvisende billede, når vi tænker på atomvåben, befolkningseksplosion og miljøproblemer. Der er tydeligvis noget, vi ikke har ordentlig styr på i det store billede. Men også hvad angår det mere hverdagsnære, er der masser af tegn på, at vi har brug for mere perspektiv i tingene. Prøv fx endnu en gang at overveje spørgsmål som disse:

Hvorfor disciplinerer vi os ofte uden at få en tilfredsstillende begrundelse, når meningsløs selvdisciplin utvetydigt nedbryder vores selvfølelse, karakter og fremtidsperspektiv? Hvorfor oplever mange at miste indflydelse, når de udsættes for ledelse, selvom ledelse, der ikke engagerer medarbejderne, i sagens natur er dømt til at give et dårligt resultat? Hvorfor bliver vi irriterede over andres svagheder, når effektiv organisering forudsætter, at svaghed gøres irrelevant? Hvorfor skal man som regel stadig fejle noget, før man kan få hjælp til en samtale med en psykolog, når alle er enige om, at det er både billigere og bedre at forebygge end at behandle?

At spørgsmålene overhovedet kan stilles, er et tydeligt udtryk for vores forlegenhed. Og at de tilmed er vanskelige at besvare, gør dem blot endnu mere påtrængende. Ikke mindst psykologisk.

Inden vi dog bevæger os længere ind i psykologien, kan det være hensigtsmæssigt lige at kaste et blik på de samfundsmæssige og kulturelle kontekster, vi som danskere, skandinaver, nordvesteuropæere, men nok mest danskere, indgår i. Dels som baggrund for at forstå psykologiske forhold mere nuanceret, og dels som en indledende modvægt til alle de problemer, der allerede er ridset op ovenfor. Det viser sig nemlig, at vi som nation, for en psykologisk betragtning, må siges at have været endog meget heldige med udviklingen af de rammer, nutidens Danmark udgør. Og, nej, ikke alt er godt, for at sige det mildt, og ikke alle deler kultur, og langtfra alle trives. Men selv om noget fortsat er *rotten in the state of Denmark*, er det nu ikke alt, og i psykologisk forstand er vi faktisk et forbillede for mange andre. Og ikke kun i én forstand.

VERDENS LYKKELIGSTE LAND

HVORFOR VI ER LYKKELIGE

Danmark er ofte, formodentlig oftere end noget andet land, blevet udråbt som verdens lykkeligste. I lyset af at man siden Aristoteles har betragtet lykken som noget nær det højeste, man kan opnå i livet, er det derfor ikke overraskende, at det giver opmærksomhed, når et land lykkes med at være "mest lykkeligt". Hvor bevidste danske politikere har været om de psykologiske konsekvenser af de beslutninger, som gik forud for dette, kan man kun gætte på. Men *noget* ser utvetydigt ud til at være lykkedes. Både som land og som del af den nordiske region fremstår vi i manges øjne som noget nær det mest vellykkede samfund i verdenshistorien, med stærke demokratiske strukturer baseret på vellykkede kombinationer af antiautoritære kulturer og lav økonomisk ulighed.

En vigtig kilde til denne forståelse af Danmark som verdens lykkeligste land er sociologen Ruut Veenhovens webbaserede World Database of Happiness, der samler mere end 8.000 studier af menneskelig lykke. Veenhovens arbejde peger overordnet på, at mennesker lever lykkeligst i økonomisk veludviklede og politisk velstyrede samfund, der tillader borgerne store frihedsgrader

– og Danmark er ifølge Veenhoven just et sådant land. Vi er uagtet finanskrise og politisk krise fortsat rige og velstyrede. Og vi bærer kulturelle værdier, som skattetryk og topstyring til trods i meget høj grad understøtter den enkeltes oplevelse af frihed i hverdagen. Selvfølgelig med stor variation, og med graverende undtagelser, men alligevel.

ØKONOMISK LIGHED OG ANTIAUTORITET

Danmark har fx i mange år været noget nær verdens mest økonomisk lige land. Lav ulighed gavner trivslen, fordi det generelt set sænker konfliktniveauet mellem mennesker, så de har lettere ved at omgås hinanden. Det er blandt andet derfor, folk foretrækker at bo i kvarterer, hvor naboerne er nogenlunde ligesom dem selv. Så vi ser dét, sociologerne kalder *livsstile*, fordelt geografisk. Og Danmark er altså noget nær det sted i verden, hvor der er mindst forskel på rig og fattig. En fantastisk kvalitet, psykologisk set.

Dansk kultur har i tråd hermed længe været præget af en meget lav grad af magtdistance – fx udtrykt ved meget antiautoritære omgangsformer og meget flade ledelsespyramider – hvilket i sagens natur indebærer relativt store frihedsgrader. Af samme grund har blind lydighed i opdragelsen meget lav status blandt danske forældre, og efterkrigstidens ideal om ikke at adlyde en leder, som ikke kan begrunde sine beslutninger, står fortsat stærkt.

KORRUPTION OG TILLID

Danmark har angiveligt verdens laveste niveau af korruption. Politiet og myndighederne er til at stole på, og bestikkelse af ordensmagten forekommer nærmest ikkeeksisterende. Spørg folk, hvornår de sidst har overvejet at tilbyde en dansk politibetjent penge under bordet – og bemærk de undrende blikke. Enhver, der har levet i et mere korrupt samfund eller i et diktatur, vil vide, hvilken verden til forskel en sådan tillid til myndighederne betyder.

Igen og igen er Danmark blevet udpeget som det land i verden, der har den højeste grad af social tillid mellem mennesker. Når man fortæller mexicanere, at man sælger jordbær i papkasser ved vejsiden, og at folk selv skal lægge penge for det, de tager, i en anden papkasse, uden låg, oven i tidligere kunders penge, har de svært ved at tro det. For at sige det mildt. Men sådan kan social tillid altså komme til udtryk, og sådan kan samvittighed fra køber gøre sig gældende. Ved nærmere eftersyn i alles åbenlyse interesse – for man sparer en masse tid og kræfter på ubehagelig kontrol, og alle slapper mere af i sådan en atmosfære.

RIGE PÅ PENGE OG BITS

Danmark har yderligere, som følge af den kreativitet, vi har været i stand til at mobilisere i manglen på råstoffer, formået at blive en af verdens økonomisk rigeste befolkninger. Vi er blandt verdens bedst it-opkoblede befolkninger med nu godt 9 ud af 10 husstande online med bredbåndsforbindelse. Nettet er en meget vigtig kilde til tilfredsstillelse af nysgerrighed, til kommunikation og til åbenhed i samfundet, og når det fungerer, er det til glæde for alle.

FLOURISHING

Og så går danskere altså i mange undersøgelser siden 1970 for at være blandt de lykkeligste, dvs. de mest tilfredse, i verden. Og som om det ikke var nok, peger nylige studier fra Cambridge University på, at vi er Europas suverænt bedste samfund, hvad angår dét, der på engelsk kaldes *flourishing* ("at blomstre") – et fagudtryk for, at man trives og vokser som person. Hele 40 % af danskerne oplever i dag *flourishing*, påpeger psykiateren Felicia Huppert. Man kan og bør selvfølgelig straks indvende, at 40 % ikke er ret meget og på ingen måde kan være nok. Men det er i den seneste måling intet mindre end en fuld tredjedel bedre end schweizerne på andenpladsen med 30 %.

Igen: Alt dette må selvfølgelig ikke skygge for, at vi også har masser af ubehagelige udfordringer, som antydet i indledningen, og som vi mindes om i hver eneste nyhedsudsendelse. Pointen er blot, at gennemsnitsdanskeren lever under omstændigheder, størstedelen af verdens befolkning må betragte som et regulært paradis på jord – sådan objektivt set. Med toiletvand, der er så rent, man kan drikke det, med gratis sygehusophold, hvis der er brug for det. Med gratis uddannelse på de bedste institutioner, endog med løn (SU). Og så videre.

NYE FOLKESYGDOMME

Man kan så undre sig over, hvordan en dansk hverdag i så privilegerede rammer ikke desto mindre kan virke ret ordinær for mange af os. De færreste danskere oplever nok hverdagen som et egentligt paradis, selvom de kan erklære sig tilfredse med livet. Og man kan videre undre sig over, at diagnoser som angst og depression i dag er så talrige, at lidelserne betegnes som psykiske folkesygdomme. Der er mange mulige forklaringer, herunder en større forståelse af og for sygdommene samt bedre behandlingstilbud end tidligere. Men noget paradis ligner det jo ikke ligefrem indefra.

For at forstå denne uoverensstemmelse skal vi se nærmere på den såkaldte *mismatch-hypotese*, som tager udgangspunkt i, at vi slet ikke er biologisk og psykologisk optimerede til at leve i moderne komplekse samfund. Vi er tværtimod optimerede til at leve et jæger-samler-liv i stenalderen, i små grupper, hvor alle som regel kendte alle. Her var livet først og fremmest et spørgsmål om at leve længe nok til at få børn og hjælpe dem med at vokse sig store og stærke, i konstant livsfare. Her var man på godt og ondt nødt til at holde sammen, hvis man ville have en chance. Det var et meget anderledes liv end dét, vi kender i dag, men vi reagerer fysisk og psykisk på mange måder fortsat, som om vi lever blandt rovdyrene på savannen. Og det leder os direkte til to af de stærkeste enkeltargumenter for at arbejde med *positiv* psykologi, frem for blot psykologi: Vi vænner os skuffende hurtigt til en masse godt og er generelt tilbøjelige til at reagere unødvendigt stærkt på en masse skidt.

EN GIFTIG PSYKOLOGISK COCKTAIL

TO BIOLOGISKE MEKANISMER

Som medlemmer af *homo sapiens* er vi på en måde ikke særligt gode til at have det godt. Vi har ganske vist været gode til at overleve, men vi er ikke særlig gode til at nyde livet – i hvert fald ikke i længere tid ad gangen og uden ubehageligheder undervejs. Vi er, som allerede antydet, nemlig født med to biologiske mekanismer, der henholdsvis *hæmmer positive oplevelser* og *fremmer negative.* En noget giftig cocktail må man sige – hvis man da ikke er opmærksom på den og får den tæmmet behørigt.

UTAKNEMMELIGE SKARN

Hæmningen af behagelige indtryk kaldes i fagsproget for *hedonisk tilvænning*, hvilket på dansk blot betyder, at man vænner sig til gode ting, så de gradvist "bliver hverdag", "ryger ind på rygraden", så man bliver "blind" over for det behagelige og velfungerende – noget som udefra set kan få én til at ligne det, man i gamle dage kaldte "et utaknemmeligt skarn". Ja, selv indefra, for én selv, kan man ligne et sådant skarn, når man spørger sig selv, om man ikke burde være gladere, end man er? For det burde man vel egentlig. Men lige meget hjælper det.

LIGEGYLDIG LUKSUS

Fin chokolade er et godt eksempel. Tænk på, hvordan det første stykke smager vidunderligt, mens man knapt registrerer det sjette. Et dejlig varmt rum er skønt, hvis man har stået og frosset udenfor i sneen, men når man har fået varmen, holder man op med at tænke på rummets temperatur og fokuserer på noget andet. En ny sofa er spændende at finde og købe, men så står den der bare. Et nyt køkken var et stort, engagerende projekt, men så fik vi det installeret, og hvad så? Man får sit drømmejob, men så bliver også dét hverdag, og man risikerer at sige op i skuffelse i stedet for at blive og vokse *i* jobbet. Hvis man aldrig har hørt om hedonisk tilvænning og har taget sine forbehold. Det hidtil bedste bud på en fysiologisk forklaring på, at vi så hurtigt vænner tilbage til "basishumøret", er, at vi hver især er genetisk disponerede for en slags kemisk bestemt grundstemning, et *happiness set-point*. Denne grundstemning har vist sig meget vanskelig at ændre nævneværdigt gennem materielt forbrug – i hvert fald, når man lever så materielt privilegeret, som de fleste danskere gør. Den kan dog efter alt at dømme påvirkes lidt, og derfor er *happiness set-range* måske en bedre betegnelse. Det kommer vi tilbage til, men inden da skal vi lige kigge på den anden, og mere ubehagelige, ingrediens i cocktailen: tendensen til at give negative oplevelser ekstra vægt.

LIVSVIGTIG FRYGT

Kroppens, psykens og omgivelsernes fremme af negative

oplevelser kaldes samlet for vores *negativitetstendens* – en tendens som har dybe evolutionære rødder, *where bad was stronger than good*, som socialpsykologen Roy Baumeister har formuleret det. Gennem millioner af år var det formentlig temmelig ligegyldigt, om man nød livet i nogen højere åndelig betydning, mens frygten for en hurtig og voldelig død til gengæld var mere eller mindre permanent til stede – og livsvigtig.

Selvfølgelig har stenaldermennesket også haft brug for behovstilfredsstillelse – men højere mening og selvrealisering og den slags har efter alt at dømme ikke haft den store betydning. Det er i hvert fald vigtigt at være opmærksom på, at det selektive pres, vi har været underlagt gennem evolutionen, primært har belønnet os for at overleve og få børn – ikke for at være lykkelige. Ja, vi *er* måske slet ikke udviklede til at være rigtig lykkelige, sådan dybest set.

For mange af de oplevelser, som i dag gør os *u*lykkelige – traumatiske erindringer, bekymringer for fremtiden, kedsomhed ved passivitet osv. – var jo åbenlyst vigtige for vores overlevelse i urtiden. Det var nærmest godt at have det lidt skidt dengang. Og eftersom der genetisk set ikke ser ud til at være sket nævneværdige ændringer med os, siden de første af os voksede ud af jæger-samler-stenalderen for at blive fastboende havebrugere og siden landbrugere for ikke meget mere end 10.000 år siden, er vi født gode til at nyde søvn, sukker og sex, mens det er helt anderledes krævende at forestille sig noget dybere eksistentielt formål i tilværelsen.

Men det negative er i dag *også* dominerende, fordi vi kulturelt endnu ikke har været særligt gode til at tæmme det og dermed undgå, at det tog overhånd. Måske er en del af forklaringen, at de mere sammenfattende videnskabelige forståelser af negativitetstendensen først blev publiceret omkring årtusindskiftet og endnu ikke er alment kendte. Men noget af forklaringen er nok også, at tendensen er så uhyre gennemgribende. Negative oplevelser gør næsten altid større indtryk på os end positive, og det i alle mulige sammenhænge.

NEGATIV OVER DET HELE

Det gælder i hverdagen. Vi husker den nedladende bemærkning og den kolde kaffe. Det gælder de nære relationer og sociale samspilsmønstre. Dårlige forældre betyder fx mere for vores udvikling end gode. Det gælder i forbindelse med læreprocesser og undervisning. Én voldsepisode i skolen fylder mere i erindringen end halvtreds fredelige frikvarterer, og én dumpet eksamen huskes længe efter, at tre beståede er glemt. Vi grubler kort sagt mere over problemer og fiaskoer, end vi påskønner glæder og succeser. Medmindre vi virkelig tager os sammen.

FORÆLDET STENALDERBIOLOGI OG SELVVALGT DRAMA

Den væsentligste del af forklaringen er, som antydet, nok biologisk. Vores stenalderbiologi, de urgamle genetiske programmer, der blev optimeret til et liv, hvor det var afgørende at reagere akut på enhver fare. Et liv, som med filosoffen Thomas Hobbes' ord fra 1651 i bogen *Leviathan* var "uden kunst, uden tekster, uden samfund; og værst af alt var præget af konstant frygt og fare for en voldelig død: ensomt, fattigt, beskidt, brutalt og kort".

Men biologien er nu ikke hele forklaringen. Hvis vi vender os mod nutiden, mod den menneskeskabte verden, mod kulturen og samfundet, ser vi, at negativitet også i høj grad er noget, vi *vælger* at prioritere. Fx i nyhedsmedierne, hvor negative begivenheder typisk får langt mere plads end positive, og hvor en dårlig historie længe har gået for at være bedre end en god. Hvor der er langt mere socialt spin i en slåskamp end i et venskab. Hvem gider skrive en nyhedsartikel om et venskab, hvis der ikke er noget galt med det? Ikke sandt? Og forskningen føjer nærmest spot til skade ved også at vise, hvordan vi hurtigere danner dårlige end gode indtryk af andre, hvordan vi hurtigere danner negative end positive sociale stereotypier af andre, og hvordan de dårlige billeder af andre er sværere at lave om end de gode. Og som prikken over i'et: Hvis man bliver angrebet i en debat, vil man være mere tilbøjelig til stivnakket at undgå negative selvbilleder end til aktivt at skabe nye og positive – dvs. mere tilbøjelig til at bygge læhegn end vindmøller, som det hedder i et gammelt ordsprog.

Man forstår, hvorfor folk har det svært, når de debatterer (aktivt), og hvorfor det kan ligge lige for at konkludere, at det ikke er umagen værd at blande sig i demokratiske anliggender. Til skade for alle.

HÅBLØS ELLER LIVSBEKRÆFTENDE KONKURRENCE

Det mønster, at negative begivenheder i menneskelivet er stærkere end positive, er næsten uden undtagelser. En hvilken som helst samfundsudvikling eller samfundsreforms succes vil i et eller andet omfang *også* være afhængig af, at man ikke falder i kløerne på negativitetstendensen. Jeg har allerede antydet nyhedsmediernes udfordringer her, men et mere konkret eksempel på, hvor let det kan ske, er skoleklassen. Her kan man effektivt sænke gennemsnitshumøret – og dermed svække det samlede udbytte af undervisningen – for eleverne ved at rangordne dem efter større eller mindre dygtighed i skolefagene. En sådan ordning vil nemlig klart indebære langt mere smerte i bunden end glæde i toppen. Og den indebærer en reel risiko for at demotivere mange i forhold til videre undervisning og social kontakt med hinanden i skolesammenhænge, hvilket fx aktuelle erfaringer fra erhvervsuddannelser indikerer. Ja, uanset hvor dygtige eleverne bliver, vil ca. halvdelen til enhver tid ligge under gennemsnittet og kunne hånes for det. Trivselsmæssigt er ensidig rangordning af mennesker helt uden perspektiv.

Man skulle følgelig tro, det er utænkeligt, at noget sådant kunne foregå. Men det er ikke utænkeligt. Det er tværtimod dagens orden. Selvfølgelig er konkurrence fortsat skønt, når der "går sport" i noget, men det er ikke god samfundssport at skræmme en masse spillere ud af kampen, som det stadig i vid udstrækning sker i skoler, og, igen, ikke mindst i en del ungdomsuddannelser, hvor alt for mange fortsat dropper ud. Man *kan* have gavn af konkurrence, men det *har* man tydeligvis ikke, hvis man ser sig selv svagere stillet efter kampen. Ligesom man *kan* have gavn af et realistisk billede af egne evner, men tydeligvis ikke har det, hvis "realismen" fremstår på en måde, så den overbeviser én om, at man ikke duer til noget og aldrig vil blive til noget. I den situation har konkurrencen reduceret én til en negativt selvopfyldende profeti.

Når vi ved, at et samfund står og falder med borgernes samlede engagement – og at et endimensionalt samfund, hvor få vinder, og mange taber, er helt uden chancer mod konkurrerende samfund, hvor alle oplever at vinde, ved at alle gør deres bedste – ja, så er det endnu en god grund til at se nærmere på, hvad der skal til, for at man engagerer sig i stort og småt. Og da engagement blot er en blandt flere grundlæggende, og indbyrdes samvirkende, livskvaliteter, der bidrager til, at vi trives, er det en yderligere fordel at betragte *trivsel som et samlet, sammensat fænomen*. Som det i dag sker inden for positiv psykologi.

TRIVSEL SOM HARMONISK VÆKST OG SELVREGULERING

FØDT TIL BEVÆGELSE

Hvis vi ser på de mest grundlæggende forudsætninger for at trives, er to oplagte kandidater *vækst* og *selvregulering*. Som alle andre levende organismer er mennesker født *aktive*, født til *bevægelse* – og personer, som i hverdagen oplever at "vokse" ved fx at lære og skabe nyt, og som har frihed og mulighed for at "regulere", dvs. bestemme selv inden for de givne rammer, er notorisk bedre stillet end andre, som ikke har samme muligheder.

Vækst og selvregulering er nok ikke de første ord, der falder én ind, hvis man bliver spurgt om, hvad et godt liv er. Men vi ved det nok alle, hvis vi tænker nærmere efter: Oplevelsen af at være "gået i stå", dvs. "ikke vokse", er generelt alarmerende og meget ubehagelig. Og oplevelsen af at miste sin frihed uden at kunne gøre noget ved det er om muligt endnu værre. Fængsel er netop så afskrækkende, fordi det blokerer en persons vækst og berøver personen så mange frihedsgrader.

VÆKST SOM UDTRYK FOR LIV

Mennesker vokser også gennem hele livet. Fra det øjeblik, hvor en ægcelle befrugtes, og et foster påbegynder sin vækst frem mod fødslen ni måneder senere, og til man har levet sine måske 90 år og ikke kan mere, oplever man vækst i form af forøgelse og ændringer af kroppens celler, i form af læreprocesser i nervesystemet, i form af stadigt øget forståelse af verden og sig selv, i form af voksende sociale netværk og øgede muligheder for indflydelse på omgivelserne.

Vi vokser i et og alt, men selvom der tydeligvis er forskellige former for rettethed knyttet til vores genetiske programmer såvel som til vores fysiske og sociale rammer, er det fuldstændig umuligt på forhånd at vide, hvad der *i detaljen kan* forventes af en bestemt person på et bestemt tidspunkt. Hvad vi imidlertid *kan* sige med stor sikkerhed, er, at den spontane tendens til vækst, denne helt grundlæggende tendens til aktivitet, til bevægelse og til foretagsomhed, er et uomgængeligt træk ved det liv, der er værd at leve.

Det fortæller videnskaben os i dag, og det ved vi også hver især af erfaring. Derfor er det i fx en skole også vigtigere at sikre, *at forudsætningerne for vækst er til stede for den enkelte*, end det er at sikre, at et bestemt kvantum vækst foregår inden for en bestemt tidsramme (fx at et konkret fagligt mål nås inden udgangen af 2. klasse).

Konkrete mål er ganske vist ofte vigtige og gode, men psykologien fortæller os altså, at vores bedste chancer for faktisk at *nå* et mål ligger i at tilrettelægge gode processer frem mod dette mål. Og gode processer er psykologisk set ensbetydende med trivsel. Det bør vores skoler og institutioner tage højde for, men det har de svært ved, fordi de afkræves en lang række eksakte leverancer af politikere, forældre, aftagerinstitutioner og erhvervsliv. Resultatet er, at mange føler sig så begrænsede i skolen, at de foretrækker at holde fri frem for at være der, hvis de får valget – selvom de alle er født med lysten til at lære. Og for dem, der tilmed oplever at klare sig dårligt i skolen uden rigtigt at kunne gøre noget ved det, er skolen reelt en træning i hjælpeløshed: en gentagende oplevelse af, at uanset hvad jeg gør, hjælper det ikke noget. Det er noget nær det mest destruktive, der kan ske for et ungt menneske. Og det er noget, der *skal* forebygges, hvis man tager lovens ånd og bogstav alvorligt.

Og igen: Alt dette betyder ikke, at børn ikke skal opdrages og lære at indordne sig – selvfølgelig skal de det. Men hvis ikke det sker på engagerende måder, bliver resultatet det modsatte af, hvad vi ønsker: De normer, vi opdrager til, bliver associeret med ubehag og bliver derfor noget, børnene tager afstand fra. Disengagerende socialisering er i bedste fald ensbetydende med ikke-socialisering.

PRIORITÉR PROCESSER, OG OPNÅ GODE RESULTATER

Alt dette betyder heller ikke, at timing er ligegyldig. Selvfølgelig ikke – som når man fx skal lære et sprog, mens hjernen er bedst egnet til det, eller skal til eksamen på et bestemt tidspunkt. Men *måderne*, man gør det på, måderne, man lærer sproget på, måderne, man forbereder sig til eksamen på, er selvfølgelig afgørende for resultatet. Ved at prioritere personers trivsel, dvs. prioritere engagerende processer og effektive måder, sandsynliggør man *både* et interessant liv, der giver lyst til at lære mere, *og* at frugterne af arbejdet, dvs. resultaterne, bliver gode.

Alle disse eksempler på vækst viser indirekte også, at mennesker, som alle andre levende organismer, i ét og alt vokser "nedefra", *bottom-up* – og vi ser heraf, hvordan menneskers personlige vækst og trivsel fremmes langt bedre ved prioritering af gode *vilkår* for vækst nedefra end ved *konkrete forventninger* om vækst ovenfra. *Medmindre* det træffer sig så heldigt, at forventningerne ovenfra opleves som en del af de gode vilkår. Så kan høje forventninger være stærkt motiverende og positive. Som det er tilfældet, når en fodboldtræners høje krav til spillerne motiverer dem ekstraordinært, eller en lærers høje forventninger til eleverne viser eleverne, at hun tror på dem – og således indgyder dem ekstra tro på sig selv. Afgørende er blot, at forventninger og krav ikke kvæler lysten til at honorere dem.

GOD LEDELSE ER EN BEFRIELSE

Med andre ord: *Top-down*-forventninger om vækst er ofte vigtige og nødvendige. Men hvis kravene ikke er tilstrækkeligt motiverende, ikke tilstrækkeligt velbegrundede og legitime, vil de sandsynligvis disengagere folk og reelt gøre dem dårligere, end de ellers ville være. Psykologisk set er god ledelse altså *engagerende, ja befriende,* for dem, der ledes – i en skoleklasse og i arbejdslivet. Top-down-krav på arbejdspladser *skal* fremme bottom-up-engagement, hvis man skal kunne fungere ordentligt sammen. For vi mistrives helt generelt, hvis vi tvinges til noget, vi ikke vil, og således fungerer mod vores vilje. Hvem har nogensinde været modvillig og samtidig toppræsterende? Nej vel? Det siger sig selv, men at vi er tilbøjelige til at studse over, at ledelse ligefrem skulle kunne være "befriende", viser indirekte, at vi for ofte ikke lever efter det, ikke oplever det, og måske er groet fast i troen på, at disengagerende livsomstændigheder ikke kan ændres. Måske lidt ligesom dengang i skolen. Hvor man mislykkedes, selvom man gjorde alt, hvad man kunne. Og stod tilbage med overbevisning om, at man ikke kunne gøre noget.

SELVREGULERING SOM *MODUS VIVENDI*

Regulerende processer, den anden grundtype af processer, *er* i modsætning til vækstprocesserne målrettede. Alle naturlove fungerer på en måde, så stof og energi retter sig efter dem. Mennesker er sådant stof og energi, men ydermere er mennesker, ligesom alle andre levende organismer, biologisk grundprogrammede på måder, som nødvendiggør livslang selvregulering. Når kroppen fx forsøger at regulere sig selv for at holde en temperatur omkring 37,2 grader celsius, *er* 37,2 jo en slags mål, en slags succeskriterium, for kroppen, som den fortløbende forsøger at leve op til. Når vi drikker væske nok til ikke at være tørstige eller går på toilettet, når trangen melder sig, er det ligeledes utvetydige tegn på, at kroppen spontant iværksætter regulerende processer.

SELVREGULERING SOM DEFINITION PÅ SUNDHED

Ja, man er i dag nået så langt i forståelsen af denne type processer i mennesker, at sundhed direkte foreslås defineret som en organismes evne til selvregulering, som blandt andre stresseksperten Bobby Zachariae gør. Det lyder måske ikke særlig revolutionerende, at levende organismer er aktivt selvregulerende, men når man tænker på, at det er helt almindeligt at tale om, at man er syg – og ikke "sundt selvregulerende" – når man har feber, bliver det atter tydeligt, hvor dominerende tendensen til sygeliggørelse er, og hvorledes vi sprogligt er tilbøjelige til at forstærke denne tendens. Man er ikke syg, når man har feber på den rigtige måde. Man er først og fremmest sund og rask i sin respons mod fjendtlig virus, eller hvad feberen nu skyldes. Der er ikke noget galt i at føle smerte, når man har lagt hånden på en varm kogeplade. Smerten er det helt rigtige, det sunde, i den situation, fordi den øger chancen for, at man flytter hånden og dermed bevarer den intakt, frem for at lade den dø på kogepladen.

DET ER IKKE SYGT AT REAGERE MED SYGDOM

Og selvreguleringen angår tydeligvis i lige så høj grad psykiske som fysiske fænomener. Man er ikke syg, fordi man bliver bange i mødet med en uoverskuelig opgave. Angsten er her en sund reaktion på en situation, der grundlæggende må betegnes som risikabel, måske direkte farlig, da man grundet uoverskueligheden ikke har styr på egen situation.

Man er heller ikke syg, fordi man bliver vred. Vrede er ofte et vigtigt signal om, at man må kæmpe mod en fjende, og uden det signal ville vi risikere at være i langt alvorligere fare. I tråd med dette er man heller ikke syg, fordi man bliver stresset. Hvis stress bare er kortvarig, ligesom smerten i hånden på kogepladen, ja så er stress gavnlig, fordi den bidrager til at øge ens umiddelbare præstationsevne. Og hvis man *tænker på den måde*, er det endnu bedre, viser nye undersøgelser.

Der er mange andre eksempler på, at det er godt at have det lidt skidt, hvis bare man hurtigt gør noget ved det. En studerende, som keder sig i undervisningen, vil ofte også med god ret kunne betragte kedsomhed som et sundt og vigtigt tegn på underudfordring og/eller fejlplacering – hvilket i alle tilfælde kalder på handling og foretagsomhed, snarere end accept. At acceptere en del af livet som notorisk kedeligt er stadig nærmest ensbetydende med at give *afkald* på en del af livet, for så vidt kedelige oplevelser sjældent er nogle, man ønsker at opleve igen. Et kedeligt liv er ikke rigtig værd at leve.

Det forekommer med andre ord svært at finde argumenter for at slå sig til tåls med en kedelig hverdag – og svært at finde argumenter mod kritik af en kedelig hverdag. Men at *mærke* kedsomheden, når den er der, det er der intet galt i – tværtimod! Det er ensbetydende med at være menneske, med reelle behov. Det *u*menneskelige i denne sammenhæng er at *forhindre* mennesker i at handle, i at foretage sig noget aktivt, i at reagere hensigtsmæssigt, når de føler ubehag.

PSYKOLOGISKE MENNESKERETTIGHEDER

Den sammenfattende pointe i at bruge vækst og selvregulering som udgangspunkt for at forstå menneskelig trivsel er altså, at der næppe er et trivselsproblem, der ikke *også* kan beskrives som en mangel på vækst eller en mangel på selvregulering.

Når en ung vælger at droppe ud af en erhvervsuddannelse, er det typisk mangel på glæde i skolen, mangel på venner, mangel på selvtillid og mangel på perspektiv (herunder måske mangel på praktikpladser), der gør sig gældende – eller kombinationer heraf. Alt sammen mangler, som *også* er udtryk for blokeret udvikling, dvs. blokeret vækst. Når man ikke kan få ens barns feber ned, er det mangel på regulering af temperaturen. Når man sulter, er det mangel på selvregulering af kroppens blodsukkerniveau mv. Når en elev keder sig i skolen, er det mangel på oplevelser og vækst og tegn på uudnyttet kapacitet. Men det er altså først, hvis eleven vænner sig til kedsomheden, at eleven på en måde har taget skade. På samme måde som en person, der vænner sig til smerten i hånden på kogepladen, ikke kan siges at fungere optimalt længere: Vores følelser er signaler, og ubehagelige følelser er utvetydige signaler om, at man bør ændre noget.

Man kan således i fuldt alvor argumentere for, at vækst og selvregulering bør betragtes som en slags psykologiske menneskerettigheder, når vi indretter os derhjemme, i læringsmiljøerne og på arbejdspladserne. For uden frihed til at vokse og regulere er livet ikke meget værd, og vi sygner med stor sikkerhed hen. Passiviserede organismer kan ikke leve, og alle kender de følelsesmæssige advarselssignaler om, at vi er ved at gå i stå: Humøret falder og falder – indtil vi tager os sammen. Indtil vi genindtager et aktivt selvregulerende *modus vivendi*. *Eudaimonisk,* som Aristoteles kaldte det engagerede liv. *Flourishing*, som mange af nutidens vækst- og frihedsorienterede filosoffer og psykologer er enige om at kalde det.

Men da vækst og selvregulering altså er meget generelle begreber, er det klart, at de kommer konkret til udtryk på mange forskellige måder. Trivsel kan således meningsfuldt forstås som det samlede resultatet af forskellige former for vellykket vækst og regulering, der kommer til udtryk i forskellige former for *dynamisk orden*. Det er min vurdering, at de fleste af, måske alle, de vigtigste positiv-psykologiske indsigter og interventioner kan rummes inden for denne forståelsesramme, der især er inspireret af ideer om *harmonisk kompleksitetsvækst* og *flow,* som de er udviklet af Csikszentmihalyi.

TRIVSEL SOM DYNAMISK ORDEN

FRIHED TIL AT VOKSE

Når planter har gode betingelser for at vokse og selvregulere, kan man se det på dem. De spirer, slår rødder, får grene og blade og blomstrer, vokser sig store og stærke. En lysegrøn bøgekrone i Kollund i maj med solens stråler som kosmisk lysshow. En gyldengul gyvelbusk neden for Trehøje i Mols Bjerge. En hårdfør enebærbusk på terrassen i Skrejrup, som bare står der og vokser, år efter år.

Vi mennesker ligner på mange måde planterne, når det gælder vækst og frihed, og det er ikke tilfældigt, at *flourishing* har så central en betydning inden for positiv psykologi. Når vi oplever at være i personlig vækst ved at lære nyt, blive dygtigere, være kreative, skabe nye ting – på måder, hvor vi kan selvregulere effektivt, dvs. hvor vi oplever frihedsgrader og muligheder for at få vores behov tilfredsstillede – ja, så trives vi med stor sandsynlighed også.

Men ligesom planterne er også vi afhængige af tilstrækkelige mængder vand, næring, lys og passende temperaturer – altså generelt tilstrækkelig *stabilitet* – for at udvikle os. En plante, der hele tiden plantes om og placeres i skiftende miljøer, har svært ved at klare sig. Det samme gælder for os mennesker. Vi er ganske vist interesserede i "forandring, der fryder", dvs. interesserede i *dynamik*, hele livet, men forudsætningerne for, at vi kan frydes og forandres, er dels, at vi er trygge ved omgivelserne og har tillid til hinanden, dels at vi er trygge ved og har tillid til os selv, dvs. at vi har identitet, selvfølelse og tilstrækkelig eksistentiel ro. Kort sagt er vores evne til at klare dynamik og udvikling direkte afhængig af vores oplevelse af ro og stabilitet. I alle områder af livet. Det er ikke et spørgsmål om enten-eller, det er et spørgsmål om både-og. Det er personlig frihed *og* social forbundenhed, forskellighed *og* fællesskab, vi har brug for. Det er udvikling *og* kontinuitet i familien, der skaber dybe relationer. Modsætninger, der fungerer som gensidige forudsætninger. Dette er helt afgørende at forstå. Og det gælder ikke blot mennesker. Skræmte rotter er også utilbøjelige til at udforske labyrinten.

Utryghed og angst gør os konforme, ukreative og bremser vores udvikling dramatisk, hvis det står på over længere tid. Mens akut stress kan gavne vores præstationer i kort tid, er længerevarende stress utvetydigt sygdomsfremkaldende. Så det gamle ordsprog om, at "nød lærer nøgen kvinde at spinde", burde på en måde udvides til: "Nød lærer måske nøgen kvinde at spinde, men heller ikke ret meget andet".

For virkelig at trives har vi tydeligvis brug for at opleve tryghedsskabende stabilitet og oplevelsesrig dynamik samtidig. Og vi er heldigvis både biologisk og psykologisk optimerede til at bringe os selv i netop sådanne situationer. Som børn, der leger. Som mor, der læser en god bog. Som musikeren, der er inde i musikken, og spilleren, der glemmer sig selv i spillet.

At kombinere stabilitet og dynamik – og derved opleve *dynamisk orden* – er et generelt procesideal i livet. Og trivsel kan ved nærmere eftersyn netop forstås som udtryk for, at vi har frihed til at vokse og selvregulere på måder, som tillader os at opleve dynamisk orden på forskellige niveauer.

DYNAMISK ORDEN I KROPPEN

En helt grundlæggende form for trivsel er *orden i kroppen*. Det er den, der kommer til udtryk, når man oplever kropsligt velvære, dvs. positive emotioner som udtryk for basal sundhed. Når kropstemperaturen er i orden, når blodsukkeret er tilpas, når konditionen er god, og man føler sig udhvilet og energifyldt, ja, så er det kroppens indre momentane orden, der viser sig for én. Bemærk, at denne orden både kan give anledning til at slappe af, som når man er mæt efter et godt måltid, og give anledning til yderligere aktivitet, som hvis man har lyst til at løbe en tur, fordi man føler sig fyldt med energi. Det klassiske udtryk om en sund sjæl i et sundt legeme refererer direkte til denne form for oplevelse.

Bemærk også, at vores emotioner på en måde fungerer ligesom et instrumentpanel i en bil, hvis vi er opmærksomme på dem. Emotionerne fortæller os, hvordan det går, og giver os både besked om, at det går godt, og besked om, at der mangler noget, hvis *det* er tilfældet. På samme måde som et instrumentpanel fortæller os, om hastigheden er i orden, og giver besked, hvis der mangler olie i motoren. Det er selvsagt en forudsætning for læring og kreativitet, at kroppen er i orden. Hvis kroppen mangler næring, varme, væske og søvn, er man godt på vej til at mislykkes med hvad som helst. Uden mad og drikke duer helten ikke, sagde morfar, og det er fortsat rigtig nok.

De vigtigste positiv-psykologiske anbefalinger inden for dette område er på linje med sundhedsvidenskabelige anbefalinger om at dyrke motion, spise sundt og sørge for at få tilstrækkelig søvn. I et psykologisk perspektiv er det måske især vigtigt at bemærke, at humøret typisk kan forbedres alene ved, at man bevæger sig. Bare ved at løbe, gå en tur eller arbejde i haven. Ja, psykologen Sonja Lyubomirsky går så langt som til at mene, at motion kan vise sig at være den mest effektive humørbooster af alle. Og næsten lige så vigtigt: Hvis man ikke sover nok, kan man være næsten sikker på, at humøret dagen efter er lavere, end det ellers ville være.

ET MENTALT KORT

Den nok nærmeste psykiske analogi til kropslig sundhed er den trivsel, som følger af *orden i forståelsen, dvs. orden i ens aktuelle verdensopfattelse, inklusive ens aktuelle selvopfattelse*. Det opleves blandt andet ved, at man har nogenlunde styr på, hvor man er i livet, hvordan man er kommet dertil, og at man har en vis ide om, hvilken vej man vil videre.

Denne form for orden er med andre ord udtryk for, at man har en slags mentalt kort over terrænet, der virker – og som løbende videreudvikles, i takt med at man lærer og opnår nye indsigter. Der er fortsat ikke noget så praktisk som en god teori, og sådan en kommer ligesom den kropslige orden til udtryk ved positive emotioner, men er af en lidt anden karakter.

Der er mange slags positive emotioner i denne kategori, og man kan meningsfuldt skelne mellem dem ved at sortere dem efter, hvorvidt de angår fortiden, nuet eller fremtiden. Positive emotioner *vedrørende fortiden* omfatter fx stolthed, afklarethed og tilfredshed – alt sammen *følelser* (som emotioner kaldes, når vi er bevidste om dem), som angår noget, der allerede har fundet sted, og som det vil være godt at "have det godt" med. Hvis man ikke har det godt med fortiden, taler vi om, at man har *hangs*, måske traumer, bitterhed, skuffelse eller sorg over tabet af noget uerstatteligt, man aldrig er kommet over. Positive emotioner *vedrørende nuet* omfatter sådan noget som hygge, oplevelser af god mad, god musik, inspirerende rum, flotte udsigter og naturoplevelser. Positive emotioner *vedrørende fremtiden* omfatter blandt andet tryghed, tillid, optimisme og håb – samlet en slags tro på, at det nok skal gå alt sammen. Positive emotioner er ud over at være det hele værd i sig selv selvfølgelig også vigtige forudsætninger for læring og kreativitet, fordi den sundhed, energi og kraft, de afspejler, øger ens chancer for at lykkes med snart sagt hvad som helst.

LÆR, OG FIND RO

Positive emotioner af ovennævnte typer fremmes grundlæggende gennem læreprocesser, der giver én overblik over tingene, så man trygt og kvalificeret kan navigere – og de fremmes gennem behagelige sanselige oplevelser af enhver slags. Som nævnt er vi på grund af den hedoniske tilvænning selvfølgelig tilbøjelige til at overse megen af denne form for livskvalitet, men undersøgelser peger på, at det er muligt at øge graden af positive emotioner ved at øve sig i at lægge særlig mærke til gode og skønne ting i ens liv (på engelsk kaldet *savoring*). Konkret kan man fx hver aften, inden man går i seng, nedskrive tre gode ting, man har oplevet, og således tvinge sig selv til at være mere opmærksom på områder i ens liv, der faktisk fungerer godt, og som man altså er tilbøjelig til at overse. Det er også en god idé at omgive sig med gode minder – fx billeder af familie, venner og betydningsfulde steder, der minder én om, hvor skønt livet kan være.

Men en særlig tilgang til at finde ro i hverdagen og mærke verden, som bør fremhæves i denne sammenhæng, er den såkaldte *mindfulness*. Mindfulness er i dag en hel videnskab for sig selv, men grundlæggende er der tale om en bevidst måde at skærpe og fastholde opmærksomheden på den øjeblikkelige oplevelse. Det handler om at være til stede i nuet – snarere end at gennemspille traumer fra fortiden for femtende gang eller bekymre sig om alt, hvad der kan ske, hvis vi er uheldige. Vi lever selvfølgelig i nuet hele livet, men nutidens komplekse liv indebærer så megen information og så mange forstyrrelser, at det kan være meget svært at fokusere tilstrækkeligt. Og manglende fokus er stressende. Derfor er det ikke overraskende, at bevidst træning i *mindfulness*, i at fokusere i hverdagen – fx gennem åndedrætsøvelser eller meditation – har vist sig at have positiv indflydelse på menneskers holdninger, adfærd og selvopfattelse. Mindfulness-træning er på en måde motion for sindet, der godt kan sammenlignes med motion for kroppen. Det er vigtigt for os at være i psykisk form, og vi kan træne os i det.

TRIVSEL KRÆVER 3:1

Vigtige bidrag til forståelsen af positive emotioner kommer fra psykologen Barbara Fredrickson, som via både fysiologiske og psykologiske undersøgelser har sandsynliggjort, at der skal mindst tre, gerne fem, seks, gange så mange gode oplevelser/emotioner til som dårlige, for at man virkelig trives og fungerer. Dette ligger påfaldende i tråd med psykologen John Gottmans mangeårige studier af parforhold, som har vist, at stabile parfold er kendetegnet ved en meget høj grad af positiv, anerkendende og konstruktiv kommunikation med mindst fem gange så mange gode interaktioner mellem parterne som dårlige. Det sikreste tegn på, at partnere er på vej fra hinanden, er, at de kommunikerer mere negativt end positivt – dvs. mere nedladende, sårende og afvisende end respektfuldt, hjælpende og imødekommende.

Vi ser således også i disse studier tydeligt negativitetstendensen slå igennem, og vi ser, hvordan også social vækst er betinget af, at man formår at dæmme op for negativiteten.

ENGAGEMENT OG *FLOW*

Hvis man er fysisk sund og rask, og det ikke roder for meget i hovedet, får man adgang til endnu en form for trivsel eller livskvalitet, som vi kan kalde *orden i opmærksomheden*. Det oplever man, når man er fuldt koncentreret om noget engagerende, lærerigt og nydelsesfuldt – eller står over for noget akut opmærksomhedskrævende som en lastbil i egen kørebane i modgående retning.

Når denne form for orden er fuldstændig, dvs. når man er fuldt koncentreret om en aktivitet, taler man om *flow*, som Csikszentmihalyi har kaldt det. Flow muliggøres og sandsynliggøres i høj grad af, at man er tryg og afklaret, dvs. af at man har orden i forståelsen. Bemærk, hvorledes den stabilitet, som orden i forståelsen indebærer, åbner for dynamik og forandring, der fryder, når man er koncentreret i flow. Og bemærk i tråd hermed, hvorledes forvirring og mangel på overblik giver uro og gør det vanskeligt at koncentrere sig om noget som helst.

OPLEVELSEN AF FLOW

Oplevelsesmæssigt er flow-tilstanden typisk kendetegnet

ved – og vi tager en dyb indånding og en lang sætning – at man er fuldstændig involveret, fokuseret og koncentreret; at man oplever en form for ekstase ved at hæve sig over hverdagens realiteter; at man oplever stor indre klarhed ved at vide, hvad der skal gøres, og i hvilket omfang det lykkes; at man ved, at det er muligt at løse opgaven, fordi ens kompetence matcher udfordringen; at man oplever en renhed, i og med at man ikke er bekymret om sig selv og samtidig oplever at vokse ud over sine grænser; at man oplever en slags tidløshed, fordi man er fuldstændig til stede i nuet, og timer opleves som minutter; og at man oplever indre motivation, i og med at aktiviteten bliver et mål, og en belønning, i sig selv.

FLOW SOM IDEALTILSTAND

Flow er noget nær en pædagogisk og arbejdsmæssig idealtilstand, fordi den både indebærer, at man er nydelsesfuldt engageret, lærer hurtigt og husker dét, man lærer, bedre, i og med at stærke oplevelser gør dybere indtryk. Generelt viser forskningen, at sandsynligheden for flow øges, hvis en situation er kendetegnet af gode muligheder for at tage selvstændige initiativer og for at styre sig selv; af konkrete, energigivende mål; af håndterbare, ubureaukratiske regler; af mulighed for at tilpasse udfordringerne til færdighederne; af tydelig, ikkeydmygende, information om, hvor godt man klarer sig; og at distraherende faktorer kan fjernes, så det er muligt at koncentrere sig.

Det bør i øvrigt bemærkes, at det eneste, vi bevidst

oplever og kan huske noget om sidenhen, er dét, vi har været opmærksomme på. I den forstand er og bliver du din opmærksomhed og ikke ret meget andet. Og så er det jo ikke nogen uvæsentlig detalje, at så mange af, og nogen vil altså mene *alle*, de bedste oplevelser i livet er fordybede.

FLOW SOM OPTIMALT ENGAGEMENT

Flow-begrebet står helt centralt i positiv psykologi, og det engagement, der både bærer og kommer til udtryk gennem flow-tilstanden, er i sig selv næsten nok til at dokumentere kvaliteten af den kontekst, hvor engagementet optræder. Vi er med andre ord sjældent dybt engagerede, medmindre rigtig meget andet i vores liv også fungerer. Så børn, unge, medarbejdere og partnere, der er engagerede, tændte, aktive, *på*, og hvad man ellers kalder det, er næsten altid levende tegn på, at noget virkelig er lykkedes. Og det kan tilføjes, at nyere undersøgelser peger på, at virkelig stærkt engagement over lang tid – dvs. udholdenhed båret af en stærk ambition – betyder intet mindre end dobbelt så meget som talent for, hvor godt man klarer sig. Talent er fortsat vigtigt for, hvor langt man når, men en gedigen, engageret arbejdsindsats betyder det dobbelte. Dette har blandt andet fået Baumeister til at udnævne *viljestyrke* til den vigtigste dyd af alle – en dyd, der åbner for alle de andre. Og en dyd, som elegant forener fuld frivillighed med stærk disciplin.

FLOW I LEG

Børn er født optimerede til flow, for så vidt de ligesom alle de 5.500 andre nulevende pattedyrarters unger er i stand til at lege – og dét så let som ingenting. Men fordi for meget tætpakket institutionsliv, for lidt fysisk udfoldelse og for megen kedsomhed og angst i skole og uddannelse har haft en passiviserende (disengagerende) virkning på mange, hersker der altså denne udbredte tro på, at engagement mere ligner hårdt arbejde og surt slid, end det ligner fri leg. Hvor alvorlig en misforståelse dette er, bliver heldigvis tydeligere og tydeligere.

GODE FÆLLESSKABER

En særlig form for livskvalitet, vi alle er afhængige af, er *oplevelsen af at høre til i en større social sammenhæng og orden, altså at have gode sociale relationer.* Næsten alt, hvad der har værdi for mennesker, har også noget med *andre* mennesker at gøre. For nogle år siden blev verdens mest citerede nulevende forsker, Noam Chomsky, i en alder af godt 80 år spurgt om, hvad kærlighed var. Han svarede kort og præcist, at han ikke anede det, og at det eneste, han vidste om kærlighed, var, at livet er tomt uden.

Hvis man spørger et ensomt skolebarn, hvordan det er ikke at have venner, får man nogenlunde samme svar. Der er ikke rigtig noget, som *er* helt, som det skal være. Det at have gode sociale relationer, at have familie, nære venner og gode kolleger er en gennemgående kvalitet, når folk fortæller, hvad der gør dem glade, og hvornår de har det bedst. Og der er til dags dato ikke noget, som i højere grad bestemmer personers trivsel end de sociale relationer, de indgår i.

Så ligesom vi kan sige, at vi er og bliver vores opmærksomhed, må vi sige, at vi i meget høj grad lever og bliver til i vores relationer. Man kan selvfølgelig sagtens nyde at være alene nu og da, og nogle er mere introverte end andre, men selv ensomheden er langt lettere at bære, når man ved, de andre er der, når man har brug for dem – og de har brug for én selv.

TAKNEMMELIGHED OG RIGTIGE HELTE

En måske lettere overraskende indsigt vedrørende sociale relationer har været betydningen af *taknemmelighed*. Det viser sig, at dét at føle sig taknemmelig i forhold til andre, og ikke mindst dét at give udtryk for sin taknemmelighed, har mærkbar positiv indflydelse på ens trivsel. Mange er tilbøjelige til at overse og glemme, hvor meget andre har gjort for dem gennem tiden. Men at negligere gaver, man har fået, er på en måde et udtryk for ikke at vedligeholde sociale relationer.

Det er vigtigt at føle taknemmelighed. Og det er vigtigt at vise den. Ikke blot for et syns skyld, men fordi taknemmelighed, der ikke udtrykkes, godt kan sammenlignes med en gave, der er pakket ind, men som ikke gives. Den *er* heller ikke rigtigt noget.

Andre mennesker betyder noget, var den måske vigtigste leveregel for den nylig afdøde medgrundlægger af positiv psykologi, Christopher Peterson. Udtrykket sammenfattede for ham den uvurderlige betydning af gode sociale relationer – og det med en ironisk understregning af, at stort set hver gang, man gør noget godt for et andet menneske, gavner det ens eget humør. Sidstnævnte pointe er så stærk, at der er en vis sandhed i at kalde altruisme for kamufleret egoisme, hvilket har fået psykologen Philip Zimbardo til at engagere sig i *heroisme*, defineret som *altruisme ført ud i livet med risiko for egne tab*. Hans argument er, at vi i en verden fyldt med kujoner er nødt til at gøre noget ekstraordinært for at føre de gode viljer ud i livet og fremhæve dem, som faktisk tør sætte noget på spil for andre, som forbilleder, som helte.

FOKUSÉR PÅ DET VIGTIGE

Der findes et utal af øvelser og interventioner rettet mod at styrke relationer og kommunikation mellem mennesker, og pladsen tillader mig ikke at gå i dybden med dem her. Men jeg vil nævne nogle enkelte, som fortjener opmærksomhed.

Én "øvelse" er det såkaldte "taknemmelighedsbesøg". Det består ganske enkelt i, at man skriver et brev til en person, som har betydet meget for én, men som man aldrig rigtig har fået takket. Når brevet er skrevet, tager man ud til personens bopæl, banker på og læser brevet op, når personen åbner døren. Der er næsten ingen, som ikke græder i den situation, vel at mærke hvis det gøres rigtigt. Det er forløsende og livsbekræftende. Ganske vist er der forskel på kulturers imødekommenhed over for dette, men sagens ædle kerne er ikke til at tage fejl af.

Og undersøgelser har vist, at det kan have en mærkbar positiv effekt på ens humør længe efter.

En anden relateret aktivitet er "taknemmelighedsdagbogen", som er en lille tre-minutters-øvelse, hvor man hver aften skriver fem ting ned, som man er taknemmelig over at have oplevet i løbet af dagen. Denne øvelse er i tråd med den ovenfor nævnte øvelse om de "tre gode ting", hvor man blot skriver tre gode ting, der er sket for én i løbet af dagen, ned i sin dagbog. Og ligesom med taknemmelighedsbesøget viser undersøgelser, at et sådant bevidst fokus på vigtige livskvaliteter kan gøre os gladere på både kortere og længere sigt.

En tredje handler om bevidst at øve sig i at respondere *aktivt og konstruktivt*, hvis man ønsker at forbedre en relation. Og herunder ikke mindst spørge *aktivt, konstruktivt* ind til andres succeser. Hvad skete der? Fortæl, fortæl! Det må have været skønt at opleve! Jeg vil vide det hele! Dette kan være vigtigt at øve sig i, fordi vi simpelthen alt for ofte gør noget andet – igen godt (dårligt) hjulpet på vej af negativitetstendensen. Og ikke mindst når vi kommunikerer i parforhold. At fejre hinandens succeser har overraskende vist sig at være endnu vigtigere end at hjælpe hinanden med problemer i et parforhold – selvom sidstnævnte selvfølgelig fortsat er nødvendigt og godt.

AT FØLE SIG HJEMME I VERDEN

Efterhånden som man vokser op og (måske) begynder at forstå livets dybere mysterium, oplever de fleste også et spirende behov for at få et større billede, en større fortælling eller en mere samlet forståelse af verden, at holde sig til. Vi kan godt kalde det behov for *eksistentiel orden*. Den orden overlapper på flere måder de foregående, men det særlige er, at den indebærer oplevelsen af, at livet overordnet set er *meningsfuldt*: at livet ikke er ligegyldigt, at man føler sig forankret i verden, i kosmos, og at det ikke er tomt og perspektivløst, hvad man foretager sig. Kort sagt, at man føler sig som del af noget meget større end én selv.

Oplevelsen af eksistentiel orden er nært beslægtet med oplevelsen af flow, fordi man er tilbøjelig til spontant at opleve flow-tilstande som så livsbekræftende og indre-motiverede, at de bærer meningen i sig selv. Det kan måske lyde lidt søgt, men at det rummer en vigtig pointe, kommer indirekte til udtryk ved, at børn aldrig spørger om, hvad meningen med en leg er. Det giver ganske enkelt sig selv. Det ved ethvert barn. Og det er min formodning, at enhver voksen, som tillader sig selv tilstrækkelig leg, også vil vide det. Eller rettere: ikke vil have glemt det.

Eksistentiel orden overlapper også stærkt med social orden, fordi social forbundenhed ikke blot handler om at modtage og være taknemmelig for det, man modtager, men i høj grad også om at give og opleve glæde ved at gøre noget og betyde noget for andre.

LIVET SOM OPDAGELSESREJSE

Men oplevelsen af meningsfuld forbundenhed bæres og

næres selvfølgelig også af, at man *forstår* verden og sin tilstedeværelse i verden stadigt bedre. Et meningsfuldt liv er også en opdagelsesrejse. Hvor man sommetider bliver bekræftet i sine fordomme og sommetider overraskes. Et nævneværdigt eksempel på sidstnævnte er nyere undersøgelser, som har vist, at nysgerrighed kan være et fremragende middel mod angst, stik imod hvad mange har troet. Umiddelbart er det oplagt at tænke, at en angstpræget person har hovedet fyldt med kaos, og at det sidste, vedkommende i den situation har brug for, er mere information i hovedet, som man uvægerligt får, hvis man agerer nysgerrigt. Men her tager man nemt fejl, for en virkeligt nysgerrig person er jo i virkeligheden en engageret og fokuseret person. Og når man er fuldt fokuseret, er der jo orden i ens opmærksomhed. Det betyder konkret, at det indre kaos erstattes af den stabilitet, fokuseringen indebærer. Så angsten mindskes, ja måske glemmes den for en stund. Og ikke nok med at nysgerrighed således kan være naturens eget angstdæmpende middel – nyere undersøgelser har vist, at den engagerende og nydelsesfulde oplevelse af at lære intenst potentielt kan lindre ulmende traumer fra fortiden og give mere mod på fremtiden, fordi man er tilbøjelig til at se lysere på fremtiden, hvis det går godt i nuet.

TROEN PÅ AT LYKKES

En sidste form for orden er *oplevelsen af succes*, dvs. oplevelsen af at man er god nok, og at ens præstationer som minimum svarer til forventningerne. Man kan diskutere, om succes (præstationer) bør have selvstændig status som en distinkt form for trivsel eller blot bør betragtes som en integreret del af de øvrige former for trivsel, som jo hver især *også* er udtryk for succes. Når det faktisk giver mening at fastholde succes som en særskilt form for orden, er det, dels fordi successer trods alt tæller som selvstændige milepæle i livet, dels fordi nogle mennesker angiveligt næsten *udelukkende* lever for at opnå succes – fx i kortspil som de hverken er særligt engagerede i eller finder videre meningsfulde i sig selv. Men også fordi succesoplevelser i meget høj grad har vist sig bestemmende for vores grad af optimisme, dvs. graden af forventning til, at man kan mestre fremtidige udfordringer – *self-efficacy,* som psykologen Albert Bandura har kaldt det.

Forventninger til vores egne præstationer har vist sig at have endog meget stor betydning for, hvorvidt vi rent faktisk mestrer udfordringer eller ej. Troen *flytter* faktisk bjerge. En håndholdspiller, som ikke selv tror på sagen, spiller nervøst og under evne. En skoleelevs forventninger til egne præstationer har ligeledes meget stor betydning for de faktiske præstationer. Pointen er videnskabeligt så stærkt underbygget, at man er nødt til at se i øjnene, at succes langt hen ad vejen faktisk forudsætter succes, fordi ens forventninger til fremtiden først og fremmest dannes på grundlag af tidligere erfaringer. Blandt andet derfor er det vigtigt, at *alle* elever, og ikke blot nogle "i toppen", oplever succes i skolen.

HA' DET GODT, OG GØR DET GODT

Positiv psykologi bliver på grund af sit fokus på mindfulness, meditation og harmoni i livet sommetider betragtet som en slags modsætning til dét at præstere meget og stræbe efter at nå et højt niveau på et område. Men et godt liv er altså, som vi har set, generelt et spørgsmål om *både* at finde ro og tilfredshed i det allerede opnåede *og* finde nydelse og oplevelser i nye udfordringer. Det er stadig ikke enten-eller. Og positiv psykologi står på ingen måde i modsætning til, at man når langt med dét, man sætter sig for. Tværtimod kan du læse denne bog som ét langt argument for, at man er *nødt* til at være god ved sig selv, hvis man vil nå langt. Man skal bare være klar over, at viljestyrke, meningsfuld selvdisciplin, udholdenhed og høje, inspirerende forventninger til en selv *også* er måder at behandle sig selv godt på. Det overses tit i debatten om, hvorvidt der skal strammes eller slækkes, når børn ikke får nok ud af skolen, eller voksne ikke yder nok i arbejdslivet. Alle når længere med dét, de skal, hvis de vil – dvs. hvis de trives ved det. Og så skal vi lige huske, at det jo ikke er alt, vi er lige gode til.

SATS PÅ DINE STYRKER

Hver af os har noget, vi er gode til, har talent for, er umiddelbart interesserede i. Det kaldes inden for positiv psykologi for *individuelle styrker*. Og som regel vil vi trives og lykkes med tingene, hvis vi får lov til at udfolde disse styrker. Det kan være et socialt talent for omsorg eller talent for løsning af svære sociale udfordringer. Det kan være stærk nysgerrighed efter at forstå snudebillen. Det kan være kreativitet i kunsthåndværk eller indretning af kontorer. Det kan være flair for dybdeborende journalistik, højtlæsning i radioen eller frivilligt socialt arbejde med tosprogede.

Det kan være alt muligt. Men vi kan som bekendt ikke alt muligt. Og vi er meget forskellige. Så en forudsætning for trivsel, der udspringer af forskningen i individuelle styrker, har vist sig at være *hensynet til vores individuelle behov for at arbejde og lære styrkebaseret*. De miljøer, der således gør det muligt at bringe det bedste frem i folk, er typisk de miljøer, hvor folk trives bedst. Også dette siger sig selv, men også her må vi konstatere, at mange har lært at glemme det. Ved at sidde for længe i situationer, hvor man blev afkrævet sit bedste uden at kunne lide at være i dem. Fx i autoritære, *one size fits all*-skoler – optimeret til pædagogisk masseproduktion uden hensyn til at ikke to mennesker er helt ens. Eller upersonlige kontorlandskaber, hvor halvdelen af energien bruges på at undgå forstyrrelser. Eller på utrygge arbejdspladser, hvor man er i tvivl om, hvad der forventes, og derfor kæmper en vedvarende og ubehagelig kamp for at gøre det så godt som muligt, uden rigtigt at vide, om det lykkes at honorere kravene. Og mange har oplevet at måtte gå på kompromis med deres styrker og bruge en masse tid på noget, de ikke er gode til – måske fordi de, der *var* gode til det, blev sparet bort.

Forskningen i individuelle styrker viser dog tydeligt,

at det ikke er nok at være god til noget, hvis man vil trives. Man skal også *gide* – dvs. få energi af – at udfolde dét, man er god til, for at det virkelig tæller. Pæne piger kan godt være gode til at være pæne piger uden at trives med det. Flinke drenge kan godt være gode medløbere og skamme sig over det. Man kan godt være god til matematik i skolen uden nogensinde igen at mærke lysten til at åbne en matematikbog. Og man kan godt læse en obligatorisk roman med det ene formål at få det overstået. Men læsning uden læseglæde skræmmer læsere fra videre læsning.

Individuel styrkebasering er altså en ret sikker satsning i snart sagt en hvilken som helst sammenhæng, fordi den kombinerer folks talent og energi i meningsfuld selvdisciplin og stor udholdenhed. Og ved således at udfolde sine styrker i hverdagen, snarere end at lade sig hæmme af sine svagheder, øges både ens trivsel og ens præstationer med stor sandsynlighed.

FOR EN FRIT TILGÆNGELIG PSYKOLOGI

– UDEN SKJULTE DAGSORDENER

Positiv psykologi er egentlig blot almindelig psykologi om det at have det godt og det at fungere godt. Der er tale om et felt, som kan bruges af alle. For det handler om os selv og vores kære, om vores ønsker for fremtiden og om mulighederne for at nå vores mål.

Sagen er bare, at vi ikke har været vant til at bruge psykologisk viden, før den var gal, og det skulle jo nødig hedde sig, at der *er* noget galt hos os. Psykologien har for mange været lidt småpinlig og utilnærmelig og har levet en paradoksal skyggetilværelse i et samfund, der skriger efter at forstå sig selv bedre. Og som nævnt i indledningen har positiv psykologi jævnligt måttet stå for skud fra kritikere, som har set det blive brugt til manipulerende misbrug på arbejdspladser, eller som har opfattet det som "positiv" forfladigelse af en tilværelse, der dybest set er dybt tragisk og helt sikkert ender dårligt.

IKKE *DET*

Så lad mig slutte, næsten som jeg begyndte, med en *disclaimer*, som det hedder på nydansk: Positiv psykologi handler *ikke* om, at negative følelser er dårlige. Og ikke om, at man skal *fake* sig glad, hvis man er ked af det. Og ikke om, at det er dårligt, endsige forbudt, at være ulykkelig, hvis der er grund til det. Og ikke om, at man er eneansvarlig for sit humør, eller at omgivelserne er ligegyldige. Og, ja, man *kan* misbruge positiv psykologi til at skrue for højt op for forventningerne, så man *er* dømt til at blive skuffet – men i den anden grøft, helt uden forventninger, går det altså kun én vej: selvopfyldende profetisk nedad.

Hvad dette nye videnskabelige område først og fremmest *kan,* er at bidrage til balanceret vækst for den enkelte, i familien, på arbejdspladser og i samfundet. Ved at fokusere skarpere på, hvordan vi kan trives og bringe det bedste frem i hinanden, end det hidtil er sket.